Sorgen und Ängste

So schaffe ich das!

Anmerkungen für Erwachsene

Dieses Buch soll Kindern dabei helfen, ihre Ängste zu erkennen, zu verstehen und zu bewältigen. Auf den hinteren Seiten finden Sie Tipps, wie Sie Ihr Kind dabei unterstützen können, mit seinen Ängsten umzugehen und resilienter zu werden. Außerdem erfahren Sie, wie man erkennt, ob ein Kind sehr ängstlich ist und wann eine Psychotherapie sinnvoll wäre.

Inhalt

Sorgen und Ängste
So schaffe ich das!

Felicity Brooks

Illustrationen: Mar Ferrero

Gestaltung: Frankie Allen

Wir bedanken uns bei Dr. Angharad Rudkin (Klinische Psychologin) für ihre fachliche Unterstützung.

Was sind Sorgen und Ängste?

Sorgen sind Gefühle, die in unseren Köpfen entstehen. Sie können uns unglücklich machen oder beunruhigen. Viele verschiedene Dinge können uns Sorgen bereiten. Manche Menschen machen sich mehr Sorgen als andere.

Eine Sorge kann groß ...

... oder klein sein.

JEDER hat manchmal Sorgen.

Erwachsene sorgen sich.

Kinder sorgen sich.

Sogar Haustiere sorgen sich.

Man kann es nicht immer erkennen, ob sich jemand Sorgen macht. Manchmal wissen wir sogar selbst nicht, warum wir so besorgt sind. Aber es ist ganz normal, sich Sorgen zu machen (und es kann sogar nützlich sein).

Man kann vor verschiedenen Dingen oder Situationen Angst haben. Aber nicht alle Menschen fürchten sich vor den gleichen Dingen. Einige haben zum Beispiel vor den hier abgebildeten Dingen Angst, andere nicht. Manche mögen sie sogar.

Fällt dir etwas ein, das du magst, aber vor dem deine Freunde Angst haben?

Wie fühlen sich Sorgen und Ängste an?

Auch wenn Sorgen und Ängste ganz normal sind, fühlen sie sich nicht gut an. Manche Kinder beschreiben ihre Erfahrungen damit so:

„Wie ein RIESIGER Rucksack, der mich niederdrückt."

„Als würde es **JUCKEN**, aber ich kann nicht kratzen."

„Als wäre mein Körper ***EINGEFROREN***."

„Als wäre mein Kopf viel zu voll."

„Als würde ich durch dicken, zähen Schlamm laufen."

„Als hätte ich eine Waschmaschine in meinem Bauch."

Wenn wir sehr besorgt oder ängstlich sind, reagiert auch unser Körper und wir können diese Reaktionen nicht kontrollieren. Zum Beispiel ...

... fangen wir an zu weinen.

... beginnen wir zu schwitzen und werden rot im Gesicht.

... zittern wir plötzlich.

... atmen wir zu schnell oder bekommen Bauchschmerzen.

... kribbeln unsere Hände.

... schlägt unser Herz sehr schnell.

... fühlen sich unsere Arme schwach an.

... müssen wir STÄNDIG aufs Klo.

Hast DU solche Reaktionen schon einmal gespürt? Das ist ganz normal und du kannst viel tun, um deinen Körper zu beruhigen. Dazu ist es nützlich zu wissen, WARUM unser Körper so reagiert.

Was passiert im Kopf und im Körper?

Manchmal tut unser Körper Dinge, die wir nicht kontrollieren können. Er bereitet uns darauf vor, auf eine Gefahr zu reagieren. Diese Reaktionen können auch dann ausgelöst werden, wenn wir in Sicherheit sind. Unser Gehirn kann nämlich nicht immer zwischen einer echten Gefahr und einer nicht wirklich bedrohlichen Situation unterscheiden.

Dieser Junge hat Angst vor einer Klassenarbeit.

Unser Gehirn sendet ein Signal an unseren Körper – es ist wie eine Alarmanlage, die losgeht.

Dadurch schlägt unser Herz schneller und wir schwitzen, atmen schneller und zittern.

All das passiert, weil es vor sehr langer Zeit viele Gefahren gab. Damals mussten Menschen jederzeit bereit sein, zu …

KÄMPFEN!

… SCHREIEN, um einen riesigen Vogel zu verjagen.

ERSTARREN!

… VERHINDERN, dass ein Bär sie entdeckt.

FLÜCHTEN!

… RENNEN, um sich in Sicherheit zu bringen.

Heutzutage treffen wir sehr selten auf wilde Tiere, aber unser Gehirn warnt unseren Körper trotzdem, wenn es DENKT, etwas könnte gefährlich sein. Dann macht sich unser Körper bereit, obwohl es eigentlich keinen Grund gibt, Angst zu haben.

Aber woher stammen unsere Ängste? Sie entstehen auf unterschiedliche Art und Weise. Hier sind einige Beispiele:

Wir lernen von anderen Menschen, Angst vor etwas zu haben.

Einige Dinge, die uns Angst machen, kommen aus unserer Fantasie oder unseren Träumen.

Etwas, was wir gesehen oder gelesen haben, kann uns Angst machen.

Oder etwas ist passiert und hat uns erschreckt oder sogar schockiert.

Einige Menschen haben Angst vor ganz normalen Dingen, die eigentlich harmlos sind.

Kennst du jemanden, der vor ganz normalen Dingen Angst hat?

Wenn Ängste und Sorgen immer größer werden

Wenn wir nicht lernen, mit unseren Gefühlen umzugehen, können kleine Sorgen und Ängste schnell sehr groß und immer größer werden. Irgendwann denken wir an nichts anderes mehr.

Sie können auch so groß werden, dass sie uns davon abhalten, glücklich zu sein und Dinge zu unternehmen, die uns Spaß machen.

Wenn du so eine große Angst wie Sam verspürst, dann gibt es eine gute Nachricht! Du kannst nämlich sehr viel machen, damit deine Angst nicht immer größer wird und dich traurig macht. Als Erstes setzt du dich ruhig hin und beginnst, zu ...

A-t-m-e-n

Wenn du dir Sorgen machst oder Angst hast, atmest du oft viel schneller ein und aus, und auch dein Herz schlägt schneller als sonst. Jetzt ist es wichtig, ruhiger zu werden und L-A-N-G-S-A-M-E-R zu atmen.
Probiere Folgendes aus:

BEGINNE hier und folge der liegenden Acht mit deinem Finger, während du atmest.

Atme tief durch deine Nase EIN ... ganz L-A-N-G-S-A-M.

Stell dir beim EINATMEN vor, dass du etwas Gutes riechst:

eine schöne Blume,

einen frisch gebackenen Kuchen

oder deine Lieblingsdecke.

Beim AUSATMEN
stell dir vor,
dass du:

auf eine heiße
Schokolade pustest,
damit sie abkühlt,

eine Seifenblase
machst

oder langsam
ein paar Kerzen
ausbläst.

Atme durch deinen Mund AUS ... ganz L-A-N-G-S-A-M.

Atme weiterhin auf diese Weise langsam EIN und AUS, bis du dich ruhiger fühlst. Du kannst das überall und immer dann machen, wenn du aufgrund deiner Sorgen und Ängste zu schnell atmest. Dann kannst du auch ...

Mit jemandem sprechen

Es hilft wirklich, mit jemandem über deine Gefühle zu SPRECHEN, damit die Sorgen nicht größer werden. Versuche vorher zu überlegen, was du fühlst und dafür Worte zu finden. Kannst du diesen Kindern helfen, ihre Gefühle zu beschreiben? Du kannst für jedes Kind mehrere Begriffe wählen.

Ich mag es nicht, wenn Opas Hund an mir hochspringt und bellt. Ich bin dann ...

Sie kennen sich alle schon, aber ich bin neu. Ich weiß nicht, was ich sagen soll. Ich bin ...

Wenn meine Mama mich spät von der Schule abholt, bin ich ...

Ich will nicht ins Wasser springen. Ich bin ...

Ich will wirklich zu Arlos Dinosaurier-Party gehen, aber ich bin ...

BEUNRUHIGT NERVÖS ALLEIN BESORGT
SCHÜCHTERN ÄNGSTLICH TRAURIG

Wenn du über Sorgen und Ängste sprichst, lässt sich oft ein Weg finden, um deine Situation zu verbessern oder sogar dein Problem zu lösen. Sam (das Kind, das Angst vor Ballons hat) hat die Atem-Übung gemacht und seine Gefühle beschrieben. Jetzt ist es an der Zeit, mit jemandem darüber zu reden. Das könnte Sam zu Arlo sagen:

Es ist nicht immer so leicht, eine Lösung für deine Sorgen zu finden. Aber wenn du mit deinen Freunden oder Erwachsenen darüber sprichst, lässt sich das Problem oft lösen. Das könnte Sam zu seinem Vater sagen:

Obwohl wir nicht immer ALLE Sorgen und Ängste loswerden können, können wir VIEL tun, damit wir entspannter und glücklicher sind. Auf der nächsten Seite findest du einige Tipps.

★Erwachsene: Auf Seite 31 erfahren Sie, wie Sams Papa seinem Sohn helfen kann.

Sich beschäftigen

Wenn du dich mit anderen Dingen beschäftigst, hast du nicht mehr so viel Zeit, um dir Sorgen zu machen. Auf den folgenden Seiten findest du Anregungen dafür, wie du dich beschäftigen kannst.

Kritzle oder male auf einem großen Blatt Papier. Es ist egal, was du malst. Genieße es!

Male deine Kritzeleien bunt an oder zeichne Muster, die du dann ausmalst.

Zeichne dein Lieblingstier. Gib ihm einen Namen und schreibe ein Gedicht oder eine Geschichte dazu.

Drücke und forme Knetmasse mit deinen Händen. Was kannst du daraus machen?

Nimm einige alte Töpfe, Kisten oder Eimer und trommle auf ihnen deine Sorgen weg!

Versammle alle deine Stofftiere und erzähle ihnen, wie dein Tag war.

Auch wenn du beschäftigt bist, verschwinden deine Sorgen und Ängste nicht komplett. Aber du bist abgelenkt und denkst nicht ständig an sie.

Bauen, basteln, backen ...

Egal, ob du etwas baust, bastelst, backst oder etwas anderes Kreatives tust: Deine Sorgen verschwinden auch DABEI schnell aus deinem Kopf.

Hol dir einige Dinge aus dem Papiermüll und klebe sie zusammen. Was kannst du Lustiges basteln?

Klebe Bilder von deiner Familie, deinen Freunden und deinen Lieblingsorten in ein Heft.

Bau dir eine Höhle mit einem Betttuch und Stühlen. Mach es dir dann mit einer Decke und einem Buch gemütlich.

Bitte einen Erwachsenen, dir beim Backen oder Kochen zu helfen.

Wenn du merkst, dass dir deine Sorgen nicht aus dem Kopf gehen, dann unternimm etwas, das dir Spaß macht. Vielleicht kannst du …

… ein Bild malen?

… Musik machen?

… einen Brief schreiben?

… dich verkleiden?

Oder wie wäre es damit?

Bau einen hohen Turm aus Bausteinen oder Kissen …

… und dann schmeiß ihn um!

Wenn du etwas machst, das dir wirklich Freude bereitet, dann werden deine Sorgen und Ängste auf einmal weniger wichtig. Welche lustigen Dinge machst DU gerne?

Rausgehen

Geh raus und verbring Zeit im Freien, zum Beispiel im Garten, im Park oder irgendwo, wo es Bäume und Pflanzen gibt – dort kommst du schnell auf andere Gedanken. (Sag vorher einem Erwachsenen Bescheid!)

Wenn es trocken ist, leg dich unter einen Baum und schau die Blätter und Äste an. Welche Formen bilden sie?

Schließ deine Augen. Was kannst du hören?

Was kannst du unter deinen Händen fühlen? Atme tief ein. Was kannst du riechen?

Schau genau auf den Boden. Liegen dort Blätter, Zweige, Samen oder Steine, die du sammeln könntest?

Mit deinen Fundstücken kannst du ein Muster auf dem Boden gestalten.

Wenn du dir Sorgen machst, schau hoch in den Himmel. Siehst du Wolken, die vorbeiziehen?

Welche Formen kannst du sehen? Stell dir vor, deine Sorgen schweben so einfach weg wie die Wolken ...

Egal, wo du bist – wenn du eine Weile ganz ruhig und leise bleibst, kannst du vielleicht ein Tier sehen. Was macht es? Wie bewegt es sich?

Schon ein kurzer Spaziergang draußen kann dir dabei helfen, dich zu entspannen. Zieh also deine Schuhe an, schnapp dir einen Erwachsenen und geh raus – so oft du kannst.

Sport treiben

Wenn du dich bewegst und streckst, kann dein Kopf die Sorgen loslassen. Außerdem macht Sport viel Spaß!

Streck deinen Rücken so wie ein Hund.

Balanciere auf einem Bein wie ein Flamingo.

Mach einen Katzenbuckel.

Roll wie ein Ball.

Wie schnell kannst du rennen?

Streck deine Hände so hoch du kannst.

Spring wie ein Frosch.

Spring Seil.

Oder fahr mit deinem
Roller umher.

Tanz drauf los!

Ha

Ha

Hi

Hi

Kannst du deine Zehen berühren,
wenn die Beine ausgestreckt sind?

Spring hoch und runter
wie ein Känguru.

Wie oft kannst
du springen?

...5
...6
...7
...8

Spiel Fangen mit
deinen Freunden.

Freunde und Familie

Die allerbeste Methode, um glücklich und entspannt zu sein: Vergnüg dich mit deinen Freunden und deiner Familie. Probier mal diese Vorschläge aus!

Sammelt alle Gegenstände im Haus, die dieselbe Farbe haben. Wie viele könnt ihr finden?

Erzählt euch lustige Witze.

Spielt „Ich sehe was, was du nicht siehst".

Versucht, einen Ballon durch Antippen so lange wie möglich in der Luft schweben zu lassen. Er darf nicht den Boden berühren!

Wechselt euch dabei ab, Tiere nachzumachen. Kann deine Freundin erraten, welches Tier du bist?

Zeichne Bilder von fünf Dingen, die DICH glücklich machen.

Singt zusammen und macht die Bewegungen dazu.

Schaut einen lustigen Film.

Spielt ein Brettspiel oder ein Kartenspiel oder puzzelt zusammen.

Was machst DU gerne mit deiner Familie und deinen Freunden?

Lass sie los ...

Diese Vorschläge helfen dir dabei, deine Sorgen und Ängste loszuwerden oder zumindest zu erreichen, dass sie dich nicht mehr so sehr belasten.

Stell dir deine Angst als nerviges, lautes kleines Wesen vor. Wie könntest du es loswerden?

Zeichne ein Bild davon, wie sich deine Angst anfühlt. Dann zerknüll es und wirf es in den Papierkorb.

Mach deine Augen zu und denke an einen schönen Ort. Öffne deine Augen und zeichne ihn.

Wenn du besorgt oder ängstlich bist, mach deine Augen zu, atme tief ein und stell dir diesen schönen Ort vor.

Wenn du besorgt oder nervös bist, versuche, mit dir selbst zu sprechen. Du kannst das laut machen oder nur in Gedanken (so oft, wie du willst).

Ein Buch über dich selbst zu gestalten, hilft dir, an die guten Dinge in deinem Leben zu denken. Die Sorgen kannst du dabei einfach vergessen.
Hier ist eine Seite aus Sams Buch.

Was würdest du in dein Buch schreiben oder zeichnen?

Anderen helfen

Hast du gewusst, dass man sich auch selbst gut fühlt, wenn man nett zu anderen ist und ihnen hilft? Welche Sätze würdest du zu diesen Kindern sagen, wenn sie dir von ihren Problemen erzählen?

Lara erzählt dir, dass sie sich Sorgen macht, weil sie ihre Tasche verloren hat.

„Das ist nicht mein Problem."

„Soll ich dir beim Suchen helfen?"

„Nur kleine Kinder verlieren ihre Tasche!"

Hannes erzählt dir, dass er zum ersten Mal in den Tanzverein geht und nervös ist.

„Ich zeig dir dann, wie die Tänze gehen."

„Es ist sehr schwer, die Tänze zu lernen."

„Du bist ein richtiges Baby!"

Nadine sagt, dass sie Angst hat, weil es ihrer Oma nicht so gut geht.

„Das ist dein Problem, Nadine."

„Ach, ich war letzte Woche auch krank."

„Sollen wir ihr eine Gute-Besserung-Karte basteln?"

Cosima sagt, dass sie Angst hat, in die Schule zu gehen, weil sie noch nicht lesen kann.

„Hab keine Angst. Du lernst Lesen in der Schule."

„Das ist mir doch egal."

„Ich kann lesen. Warum kannst du das nicht?"

Lukas sagt, dass er vor dem Konzert Angst hat, weil er immer den Text eines Lieds vergisst.

„Alle anderen können sich an den Text erinnern."

„Das ist doch nicht mein Problem."

„Wir können zusammen üben, bis du es auswendig kannst."

Anmerkungen für Erwachsene

Dieses Buch soll Kindern dabei helfen, ihre Ängste zu erkennen, zu verstehen und zu bewältigen. Es ist ganz normal und sogar wichtig, Angst zu verspüren, denn so werden wir auf potenziell gefährliche Situationen vorbereitet, können uns auf Herausforderungen einstellen und schärfen unseren Verstand, zum Beispiel für Prüfungen oder andere stressige Situationen. Jedoch müssen wir auch erkennen, wenn Ängste und Stress überhandnehmen und zu einem Problem werden. Das ist der Fall, wenn sie uns davon abhalten, Dinge zu tun, die Spaß machen, oder wenn sie verhindern, dass wir glücklich sind. Dann wirken sie sich negativ auf unser Leben und unsere Gesundheit aus.

Diese Situationen oder Dinge lösen in der Kindheit häufig Sorgen und Ängste aus:

- Laute oder unerwartete Geräusche (besonders bei Kleinkindern)
- Getrennt sein von Eltern oder Pflegepersonen
- Ungeheuer oder Monster und Dunkelheit (besonders bei Vier- bis Sechsjährigen)
- Albträume
- Insekten und Krabbeltiere
- Hunde oder andere große Tiere
- Der Umgang mit anderen Menschen (extreme Schüchternheit)
- Neue Erfahrungen

Wie erkenne ich, ob mein Kind Angst hat?

Sehr kleine Kinder zeigen ihre Angst in verändertem Verhalten – sie können zum Beispiel sehr anhänglich, weinerlich, verschlossen oder wütend werden. Möglicherweise schlafen sie auch schlechter und verändern ihr Essverhalten. Es kann auch sein, dass sie über Bauchschmerzen, Kopfweh und Albträume klagen oder ins Bett machen, obwohl sie das normalerweise nicht mehr tun. Manchmal zeigen Kinder auch vermehrt Verunsicherung, Verzweiflung und Wut, wenn sie keine Wahl haben, was sie essen können, wenn sie das Wort „Nein" hören oder ihnen gesagt wird, dass sie ins Bett gehen müssen. In extremen Fällen kann es vorkommen, dass sie Verhaltensstörungen entwickeln wie Hautzupfen oder Haareausreißen.

Wie kann ich helfen?

Wir können (und sollen) nicht alle Auslöser von Ängsten und Sorgen aus dem Leben unseres Kindes beseitigen, weil es dann keine Gelegenheit mehr hat, Risiken und Herausforderungen zu bewältigen und RESILIENZ zu entwickeln. Resilienz ist die Fähigkeit, Probleme, Enttäuschungen, Niederlagen, schwierige Situationen oder Ähnliches zu verkraften und gestärkt daraus hervorzugehen. Wir können unserem Kind jedoch beibringen, wie man Sorgen und Ängste erkennt und mit ihnen umgeht, damit sie uns nicht niederdrücken.

Bei Kindern unter 7 Jahren sind Aktivitäten zum Ablenken gewöhnlich effektiver als ein Gespräch über Ängste und Sorgen. Gute Ablenkungsmethoden sind sportliche Aktivitäten, Spiele und Kunst- oder Bastelprojekte, außerdem auch achtsames Atmen und Entspannungsübungen. Daher liegt der Schwerpunkt dieses Buches darauf, Kindern beizubringen, sich mit diesen Methoden selbst zu helfen. Auch wenn es für sie am besten ist, sich mit Beschäftigung abzulenken, ist es trotzdem eine gute Idee, ihnen dabei zu helfen, ihre Gefühle zu erkennen und zu benennen. Es ist ein wichtiger Entwicklungsschritt eines Kindes, Ängste in Worte fassen zu können. Kinder, die es nicht lernen, ihre Gefühle zu verarbeiten und zu steuern, können emotional gefangen sein und sich schwer damit tun, auf alltägliche Herausforderungen zu reagieren.

20 Tipps, wie man Kindern beim Umgang mit ihren Ängsten helfen kann

1. Erklären Sie Ihrem Kind, dass alle Menschen irgendwann in ihrem Leben einmal Ängste haben und sich Sorgen machen. Diese sind nicht von Dauer und es gibt immer einen Weg, damit umzugehen.

2. Gehen Sie nicht allen Situationen, die Ihr Kind stressig findet, aus dem Weg – denn durch Vermeidung kann die Angst noch schlimmer werden.

3. Versuchen Sie nicht immer, Probleme für Ihr Kind zu lösen oder Situationen zu beeinflussen, die Ihr Kind verunsichern – es sei denn, etwas ist gefährlich.

4. Bringen Sie Ihrem Kind bei, sich selbst mögliche Lösungen für Probleme und Methoden für den Umgang mit Gefühlen auszudenken. Hören Sie ihm zu und stellen Sie geeignete Fragen, damit es selbst auf eine Lösung kommt.

5. Helfen Sie Ihrem Kind, Wörter und Begriffe zu lernen, mit denen es über seine Gefühle sprechen kann. Machen Sie deutlich, dass es immer um Hilfe bitten kann, wenn es Angst hat.

6. Sprechen Sie über Ihre eigenen Gefühle und Ihre Strategien für den Umgang mit Angst und das Lösen von Problemen.

7. Üben Sie die Atemtechnik von Seite 12 und 13 mit Ihrem Kind. Es lernt dadurch, langsamer zu atmen und den Herzschlag zu verlangsamen, wenn es Angst verspürt.

8. Führen Sie Rollenspiele mit Stofftieren und Spielzeug durch, damit Ihr Kind bestimmte gesellschaftliche Situationen üben kann und so soziale Kompetenzen entwickelt. Das ist vor allem für Kinder wichtig, die Angst im Umgang mit anderen haben.

9. Ermutigen Sie Ihr Kind, draußen zu spielen. Stellen Sie auch die nötigen Dinge für die in diesem Buch beschriebenen Aktivitäten zur Verfügung, zum Beispiel Spiele, Puzzles, Stifte und Papier.

10. Helfen Sie Ihrem Kind, aus einem Schuhkarton eine Sorgenbox zu basteln. Schneiden Sie eine Öffnung in den Deckel, durch den Ihr Kind Bilder, Zeichnungen und Zettel stecken kann, auf denen es seine Ängste beschreibt. So kann es die Ängste „loslassen".

11. Kaufen oder basteln Sie „Sorgenpüppchen" – winzige Figuren in einem kleinen Beutel. Ihr Kind erzählt diesen Püppchen seine Sorgen und steckt sie dann nacheinander in den Beutel.

12. Bieten Sie einem Kind, das ständig seine Sorgen thematisiert, eine „Sorgensprechstunde" an – 15 Minuten pro Tag, in denen es über seine Sorgen sprechen kann. Erklären Sie ihm, dass es in der übrigen Zeit möglichst nicht an seine Sorgen denken soll.

13. Sprechen Sie mit Ihrem Kind über anstehende Ereignisse wie einen Umzug oder einen Krankenhausaufenthalt. Erklären Sie ihm, wie diese wahrscheinlich ablaufen werden und warum.

14. Halten Sie an Routinen fest, die regelmäßig durchgeführt werden und beruhigend wirken, insbesondere zur Schlafenszeit. Lesen Sie eine Geschichte vor oder singen Sie ein Gutenachtlied. Vermitteln Sie Ihrem Kind, dass es sicher ist und geliebt wird.

15. Lesen Sie allerlei verschiedene Geschichten vor, nicht nur lustige. Über Gefühle von Figuren in Büchern zu sprechen kann dabei helfen, diese Gefühle zu verstehen und Empathie aufzubauen (die Fähigkeit, sich in andere einzufühlen).

16. Bücher können auch sehr hilfreich für ältere Kinder sein, um über aufwühlende Ereignisse wie Tod, Trennung oder Krankheit zu sprechen.

17. Ermutigen Sie Ihr Kind, über die guten Dinge in seinem Leben nachzudenken und dankbar zu sein. Es ist ebenfalls wichtig, gemeinsam über die positiven Seiten des Kindes nachzudenken: Was kann es gut? Was mag es an sich selbst?

18. Helfen Sie Ihrem Kind, ein Buch über sich anzufertigen, wie es auf Seite 27 beschrieben wird. Sie können so sein Selbstwertgefühl stärken.

19. Verdeutlichen Sie, dass Fehler kein Versagen sind, sondern ein Weg, Dinge zu lernen und besser zu werden.

20. Kontrollieren Sie, welche Filme oder Serien Ihr Kind anschaut, damit es nicht unangemessene Dinge sieht, die ihm Angst machen könnten.

Wenn Ihr Kind Angst hat

Auch wenn Sie Ihrem Kind eigentlich sagen möchten, dass es vor manchen Dingen doch nun wirklich keine Angst haben muss – es ist wichtig, die Ängste nicht einfach abzutun oder kleinzureden. Denn für Ihr Kind sind die Ängste real. Es ist besser, die Gefühle des Kindes anzuerkennen und ihm zu signalisieren, dass man sie versteht (wie Sams Papa auf Seite 15). Dann können Sie einen Plan aufstellen, wie Sie zusammen mit der Angst umgehen. Unsere Beispiel-Anleitung kann Ihnen dabei helfen. Generell gilt:

- Versuchen Sie nicht, dem Kind die Ängste auszureden, sondern erkennen Sie seine Gefühle an.
- Beruhigen Sie es und nehmen Sie es in den Arm, damit es weiß, dass es beschützt wird.
- Bleiben Sie ruhig und zuversichtlich, wenn Sie mit Ihrem Kind über die Angst reden.
- Gehen Sie mit Ihrem Kind Strategien für die Bewältigung von Ängsten durch – Zeichnen, Rollenspiele, mit Spielzeug spielen, Atmen usw.
- Drängen Sie Ihr Kind nicht, größere Schritte zu gehen, als es möchte. Aber Sie sollten die Konfrontation mit der Angst auch nicht vermeiden. Vermeidung löst das Problem nicht.
- Haben Sie Geduld – es braucht Zeit, um Ängste zu überwinden.
- Vergessen Sie nicht, Ihr Kind dafür zu loben und zu belohnen, dass es sich bemüht, seine Angst zu bewältigen.

Beispiel-Anleitung für den Umgang mit einer konkreten Angst

Wenn Ihr Kind eine konkrete Angst vor etwas hat, wie Sams Angst vor Ballons, sollten Sie vorsichtig und ganz langsam vorgehen und Ihr Kind stets ermutigen, loben und belohnen:

1. Finden Sie zunächst heraus, ob Ihr Kind einen nicht aufgeblasenen Ballon anfassen kann.
2. Als Nächstes prüfen Sie, ob Ihr Kind mit einem nicht aufgeblasenen Ballon spielen kann.
3. Kann es im Zimmer sein, wenn Sie einen Ballon aufblasen?
4. Kann es den von Ihnen aufgeblasenen Ballon anfassen?
5. Kann es den aufgeblasenen Ballon in den Händen halten und damit spielen?
6. Schauen Sie nun, ob Ihr Kind im Raum sein kann, wenn – mit Vorwarnung und viel Sicherheit für das Kind – ein Ballon absichtlich zum Platzen gebracht wird.

Während dieses Prozesses, der Wochen oder Monate dauern kann, ist es sehr wichtig, Ihrem Kind stets zu versprechen, dass es sicher ist und nichts Schlimmes passieren wird. Fordern Sie Ihr Kind auf, zu jedem Zeitpunkt darüber zu sprechen, wie es sich fühlt. Wiederholen Sie gegebenenfalls einen Schritt und belohnen Sie es für seine Bemühungen. Vielleicht lernt Ihr Kind nie, Ballons zu mögen (oder Hunde, die Dunkelheit oder etwas anderes, vor dem es Angst hat), aber es schafft es vielleicht, Strategien zu entwickeln, um in einem Zimmer mit Ballons sein zu können und nicht davon abgehalten zu werden, zu schlafen oder Dinge zu tun, die es gerne macht.

Wann sollten Sie mit einem Psychotherapeuten sprechen?

Mit der Zeit werden die meisten Kinder ihre Ängste los. Begleiten Sie Ihr Kind in diesen anstrengenden Wochen oder Monaten. Probieren Sie die im Buch beschriebenen Aktivitäten aus und seien Sie immer für das Kind da. Nehmen Sie es in den Arm, wenn es Angst hat. **Wichtig:** Wenn die Angst den Alltag Ihres Kindes stark beeinträchtigt, sprechen Sie unbedingt mit dem Kinderarzt oder einem Kinderpsychotherapeuten, vor allem, wenn die Angst ...

- Ihr Kind davon abhält, das zu tun, was es tun kann und will.
- die normale Routine oder das Familienleben stark beeinträchtigt.
- dazu führt, dass Ihr Kind über längere Zeit nicht in die Schule, den Kindergarten oder die Spielgruppe gehen möchte.
- das Schlaf- und Essverhalten des Kindes deutlich beeinträchtigt.
- Verhaltensstörungen wie Hautzupfen oder Haareausreißen auslöst.
- schwere Phobien verursacht (irrationale Ängste vor bestimmten Aktivitäten oder Gegenständen).

Die meisten Kinderpsychotherapeuten wenden bei Angststörungen die Kognitive Verhaltenstherapie (KVT) an. Sie kann Kindern ab 5 Jahren dabei helfen, ihre Angst zu identifizieren und Fähigkeiten zu entwickeln, um diese zu reduzieren. Eltern werden beraten, wie sie ihrem Kind beim Umgang mit der Angst helfen können.

Seien Sie ein Vorbild

Sie können sehr viel tun, um Ihrem Kind beim Umgang mit seiner Angst zu helfen, aber es ist auch empfehlenswert, darüber nachzudenken, ob es etwas von Ihnen übernommen hat. Ängste liegen oft in der Familie und sie können gelernt werden.

Ängste können behandelt werden. Wenn Sie denken, dass Sie möglicherweise Hilfe brauchen, sprechen Sie mit Ihrem Arzt. Er wird Ihnen eine geeignete Behandlung oder Therapie empfehlen.

Übersetzung aus dem Englischen: Andrea Reinacher
Redaktion der deutschen Ausgabe: Julia Hanauer
Satz der deutschen Ausgabe: Carolin Günther